LA RÉPUBLIQUE

LETTRE

A UN

Bourgeois Réactionnaire

PAR

ADOLPHE ROYANNEZ

PRIX : 50 CENT.

A MARSEILLE
CHEZ L'AUTEUR, 103, RUE DE L'OLIVIER
Chez les principaux Libraires et dans les Kiosques

1871

LA RÉPUBLIQUE

LETTRE A UN BOURGEOIS RÉACTIONNAIRE

Marseille, 16 juin 1871.

Mon cher Monsieur,

En vérité, il faut croire que vous aviez bien peur,..., à en juger du moins par les cris d'allégresse que vous poussez depuis la défaite de la Commune de Paris.

Déjà, sans doute, vous voyez le comte de Chambord, ce prétendant de vos rêves, assis sur le fauteuil doré qu'il appelle le trône de ses pères ; déjà vous le contemplez tenant à la main un goupillon en guise de sceptre et poussant tous ses *sujets* à la messe, la baïonnette dans les reins.

Peut-être avez-vous raison et allons-nous être condamnés à une restauration de l'inquisition et ramenés au régime du *bon vieux temps*, au règne des billets de confession et à l'observation forcée du dimanche.

Dans l'état actuel des choses, au point de violence et d'audace où en est venue la réaction, il n'y a rien là de bien impossible et pareille conclusion, pareil dénouement à la république du 4 septembre, serait chose assez logique et assez naturelle, les républicains de 1870, comme ceux de 1848, ayant tout fait pour vous préparer les voies et pour se laisser jouer par leurs ennemis.

Ah! vraiment, si la république est encore une fois étranglée, les républicains pourront bien dire que c'est leur faute, leur très grande faute, et, ma foi! peut-être n'auriez-vous pas tout-a-fait tort, si, victorieux et triomphant, vous disiez, de votre côté, que c'est bien fait pour eux.

Quant à moi, et puisqu'ils ne savent pas profiter des leçons de l'expérience, puisqu'ils retombent toujours dans les mêmes maladresses, puisque le rôle de dupes et de victimes leur convient, j'estime qu'ils n'ont un peu que ce qu'ils méritent.

Tout serait donc pour le mieux, s'il ne s'agissait que d'eux; mais il s'agit de la France et, pour celle-ci, je déplore les faits qui causent votre joie.

Car, — je ne me le dissimule pas — pour le moment, tout marche à vos souhaits et, — tant vous et les vôtres êtes passés maîtres dans l'art de l'intrigue, — rien ne vous résiste plus.

Les élections municipales qui vous déplaisent sont cassées; les portes de la patrie sont légalement rouvertes aux fils des rois détrônés et la fameuse fusion entre les deux branches de la race des Bourbons — vous le croyez du moins — paraît être enfin un fait accompli.

Il y a bien là de quoi, j'en conviens sans peine, réjouir le cœur d'un ennemi de la liberté, d'un partisan du despotisme clérical et monarchique.

Cependant, ne vous hâtez pas trop de triompher et de chanter victoire; car, si, d'une part, la Commune est morte, la République vit encore et, d'autre part, la fusion, qui vous rend si heureux, n'est qu'un mauvais replâtrage, sans solidité aucune et sans durée possible, en supposant qu'elle soit autre chose qu'un *canard* de nouvelliste aux abois.

Et voulez-vous savoir pourquoi la fusion est un replâtrage qui ne durera pas ?

C'est parce qu'elle est, à la fois, immorale et impolitique.

Il est, en effet, de la dernière et plus révoltante immoralité de voir s'embrasser, en vue d'escalader les degrés d'un trône, les fils d'hommes dont les pères ont été perpétuellement en lutte les uns contre les autres.

Si vous applaudissez à cette fusion, oubliez-vous donc que la main des d'Orléans est encore teinte du sang de Louis XVI, dont la mort fut votée par Phillippe-Egalité !

Eh quoi ! le prétendant du *droit divin*, le soi-disant représentant de la légitimité monarchique pactiserait avec les descendants du bourreau de sa race ! l'incarnation de la royauté donnerait l'accolade fraternelle aux petits-fils d'un régicide !

Mais c'est impossible ! ou, si cela se peut, si le descendant de la victime peut, sans répugnance et sans scrupules, s'asseoir à la même table et coucher sous le même toit que les enfants du bourreau, que signifient et pourquoi les malédictions, les anathèmes lancés par les prêtres et par les royalistes contre les conventionnels qui ont envoyé Louis XVI à l'échafaud !

Si le comte de Chambord peut embrasser les d'Orléans, pourquoi n'embrasserait-il pas aussi Vergniaud, Robespierre, Danton, Marat et tous ceux qui ont voté comme le père de Louis-Philippe ?

Il faut le dire bien haut : s'il est quelqu'un au monde qui ne devait pas prendre part au jugement de Louis XVI, s'il est quelqu'un qui s'est rendu criminel en frappant ce coupable monarque, c'est bien le duc d'Orléans, car son arrêt a été un arrêt fratricide.

Et c'est précisément avec les rejetons de ce fraticide, auquel tout faisait un devoir de l'abstention, — la voix du sang et la voix de la reconnaissance, — c'est, répété-je, avec les rejetons de ce fratricide que M. de Chambord consent à faire alliance!

Qu'est-ce donc, alors, que ce que l'on nomme la majesté royale? et quelle est la nature des sentiments qui se trouvent au fond du cœur des rois ou des aspirants-monarques?

Ah! ça, dites-moi, vous, mon cher monsieur : est-ce que, tout légitimiste et clérical que vous êtes, est-ce que vous serreriez volontiers la main au fils de celui qui aurait tué votre père? Est-ce que vous vous associeriez avec lui pour une exploitation quelconque?

Non, n'est-ce pas? et cette pensée seule vous indigne, elle vous fait bondir d'horreur.

Pourquoi, alors, applaudir M. de Chambord faisant ce que vous refuseriez de faire vous-même? pourquoi trouver bien chez ce prétendant, rêvant l'exploitation du pays à son profit personnel, ce que vous repousseriez chez vous pour une affaire d'intérêts privés?

Certainement, vous n'avez jamais envisagé la question à ce point de vue.

Mais daignez vous y arrêter un moment, et vous reconnaîtrez qu'une alliance sincère entre M. de Chambord et les Orléans est moralement de toute impossibilité. Autant vaudrait dire, si l'on croit cette alliance possible, que Pie IX et Victor-Emmanuel peuvent se jeter dans les bras l'un de l'autre et faire bon ménage ensemble.

Mais ce n'est pas tout, et l'homme que vous appelez Henri V ne doit pas seulement voir dans les princes d'Orléans les descendants d'un fraticide et d'un usurpateur ; il doit encore voir en eux les propres fils d'un geôlier et d'un diffamateur, sinon d'un calomniateur de sa mère.

Que le comte de Chambord oublie la mort de Louis XVI et la part qu'y a prise Philippe-Egalité, passe encore ; mais qu'il oublie les souffrances et les affronts dont la duchesse de Berri a été victime de la part de Louis-Philippe, voilà qui n'est pas possible. Ou bien, s'il pouvait oublier cela, que faudrait-il penser de lui?

N'aurait-on pas le droit, alors, de dire qu'il n'a ni cœur ni dignité ?

Et non seulement la fusion qui vous fait tant plaisir est immorale, mais, encore, elle est impolitique ; car, d'une part, elle équivaut à une abdication pour les d'Orléans et, d'autre part, elle aboutit, pour la légitimité, à augmenter contre celle-ci le nombre des républicains.

Que représentait, en effet, ou qu'était censé représenter l'orléanisme ? Il était, aux yeux des esprits timorés, un système de transition entre le régime du passé et celui de l'avenir, entre le règne de l'absolutisime et celui de la liberté ; un moyen de passer progressivement, insensiblement, pacifiquement, de la monarchie à la république.

C'était là, pour les modérés, sa seule raison d'être.

Mais que va-t-il devenir et signifier, aujourd'hui que ses chefs ont accepté les idées gothiques, les doctrines surannées et retrogrades du Jésuite de Froshdorff?

Il ne signifie plus rien et n'existe plus. Il est ruiné, tué, par le fait même de la fusion.

Grâce à cette dernière, s'il y a encore des princes d'Orléans, il n'y a du moins plus de parti orléaniste et ceux qui avaient formé ce parti dans le but d'unir l'ordre à la liberté, vont désormais se rallier à la République, préférant les viriles et saines agitations de celle-ci à l'inaction sénile et à l'étouffement mortel d'une monarchie despotique, qui nous ferait reculer au delà de 1789 et nous ramènerait [au temps des Croisades.

La fusion, vous le voyez, — et en admettant quelle se fasse jamais — aura donc un résultat tout autre que celui que vous en attendiez.

Il en sera de même pour les élections municipales de Marseille, et les conseillers qui ont eté cassés seront renvoyés à la Mairie avec une majorité plus imposante encore que celle qu'ils ont précédemment obtenue.

Car, s'il ne sait pas encore se maintenir au pouvoir quand il s'y trouve, le parti républicain — et c'est là ce qui fait sa force, ce qui lui donne le droit de ne jamais désespérer de l'avenir — le parti républicain, dis-je, sait, au moins, se discipliner dans l'adversité et tenir vaillamment tête aux intrigues de la réaction. Et vous verrez comme il relèvera victorieusement le défi que lui ont jeté les protestaires contre le résultat des élections du 7 mai dernier.

Oui, monsieur, et ne vous en déplaise; pour peu qu'ils daignent user de leurs droits, pour peu qu'ils veuillent faire leurs devoirs, les républicains marseillais triompheront encore aux prochaines élections, non seulement pour le Conseil municipal, mais aussi pour l'Assemblée nationale.

Que, d'une part, comprenant combien l'abstention faciliterait la tâche à ceux qui préparent la mort de la République, et le triomphe de leurs plus implacables ennemis, les ouvriers, qui constituent l'immense majorité du corps électoral, veuillent bien, le 2 juillet, voter en masse, comme un seul homme ; que, d'autre part, les comités républicains qui ont à leur disposition de l'argent et des journaux sachent ne pas trop abuser de leurs écus, n'être pas trop exclusifs et ne pas se montrer, dans le choix de leurs candidats, trop rebelles aux vœux des ouvriers, dont ils sollicitent les voix, et vous verrez comme votre parti sera battu, malgré toutes les manœuvres auxquelles il pourra se livrer.

Puissent-ils donc, ces républicains que vous redoutez tant, faire échouer vos listes ; car, de la sorte, ils contribueront au salut de la patrie, en lui rendant, contrairement à ce que produirait toute tentative de restauration monarchique quelconque, le calme et la prospérité dont elle a si grand besoin, après les terribles jours qu'elle vient de traverser.

Et savez-vous pourquoi une restauration monarchique serait fatale à la France et à ce que vous appelez la cause de l'ordre ?

C'est parce que, si, après toutes les révolutions que nous avons vues, après tant de renversements de monarques, l'un des prétendants à la couronne venait à monter sur le trône, les concurrents de ce privilégié verraient dans le succès même de celui-ci un démenti donné à la France par elle-même et puiseraient dans ce démenti, qui pourrait toujours être suivi d'un autre, de nouveaux encouragements à leurs ambitieuses et malsaines espérances.

Or, l'homme qui espère faisant tout ce qui est de nature à transformer son espoir en réalité, il arriverait que, sachant qu'un sceptre, impérial ou royal, ne s'obtient que par l intrigue, par le mensonge, par la corruption et par la sédition, les prétendants évincés se livreraient, sur tous les points du territoire national, à des intrigues perpétuelles, qui tiendraient sans cesse suspendue sur nos têtes la menace de la guerre civile.

Il n'est qu'un seul moyen, pour les vrais amis de l'ordre, de mettre un terme aux compétitions, aux appétits, aux convoitises des divers prétendants et de faire cesser les dangers auxquels ces compétitions exposent le repos et la vie de chacun de nous : c'est de se rallier tous franchement, sincèrement et loyalement à la République.

Mais, d'abord, pourquoi, vous, simple et bon bourgeois, fils unique d'un pauvre gagne-petit enrichi par suite de circonstances heureuses, imprévues et indépendantes de votre volonté et de celle de votre père, pourquoi vous êtes-vous fourré dans le parti qui s'intitule légitimiste et pourquoi désirez-vous l'avènement du soi-disant Henri V?

Qu'avez-vous à gagner à la venue de ce monsieur? Qu'avez-vous de commun avec la prétendue légitimité et en quoi le triomphe de celle-ci peut-elle vous intéresser, vous être agréable ou utile?

On comprend, à la rigueur, qu'un prince, un duc, un comte, un baron, un marquis, un chevalier, un noble quelconque enfin, demande un roi, pour aller promener et étaler à la cour de ce roi son opulente oisiveté et ses parchemins, jeunes ou vieux.

Mais vous, qui n'êtes même pas un simple hobereau de village; vous, qui n'avez pas la moindre particule à votre nom; vous, qui ne seriez encore qu'un humble et malheureux prolétaire, si votre père n'avait eu, grâce à la Révolution, la chance de faire, par hasard, une fortune inespérée, qu'avez-vous besoin d'une cour et qu'avez-vous à faire d'un roi?

Vous tenez donc bien à vous aplatir, à vous humilier, à lécher les bottes, à essuyer le mépris, les risées et les moqueries de gens insolents qui se croient toujours au-dessus de vous et d'un sang meilleur que le vôtre? Vous tenez-donc bien à avoir des maîtres et à être esclave?

Songez donc, mon cher monsieur, que ce comte de Chambord, pour lequel vous faites des vœux contre les républicains et au profit duquel vous souhaitez l'envoi à Cayenne de plusieurs milliers de citoyens français, ce comte de Chambord est, putativement du moins, le fils de ces tyrans, de ces bourreaux couronnés qui ont jadis exploité et torturé vos pères.

Que celui que vos chefs de file ont surnommé *Dieu-donné* ou *l'enfant du miracle* vienne à monter sur le trône, et aussitôt vous verrez reparaître avec lui toutes les institutions de l'ancien régime, la dîme du clergé, les droits féodaux des seigneurs et toutes les iniquités sociales sans lesquelles la monarchie de *droit divin* est rendue impossible. Oui ! vienne votre Henri V, et aussitôt vous verrez reparaître avec lui tout son état-major de grands seigneurs fainéants, tout son cortége de moines et de jésuites, lesquels vous rééditeront immédiatement les lois sur le sacrilége et vous rétabliront les majorats.

Voilà le progrès qu'on obtiendra avec la restauration henriquinquiste; progrès en arrière, progrès d'écrevisse.

Et vous croyez bonnement que la France acceptera jamais pareille chose ?

Allons donc !

Ah ! si vous croyez cela, grande est votre erreur ; car, sachez-le bien et ne l'oubliez pas, la France est une nation égalitaire et voltairienne.

Oui ! Monsieur, et il est inutile de vous récrier à ce propos, car vos protestations ne changeraient absolument rien au fait que je viens de constater et sur lequel j'insiste; oui ! quoi qu'en disent vos journaux de sacristie et les avocats plus ou moins convaincus du trône et de l'autel, la France est, sinon athée, comme votre serviteur, du moins voltairienne, comme vous l'êtes vous-même, après tout et au fond, vous qui, bien qu'envoyant votre femme et vos enfants à la messe et à confesse, plaisantez assez volontiers, en particulier, sur les miracles de la Vierge, sur les vertus de l'eau de la Salette et sur l'infaillibilité du Pape.

Pensez-vous donc que les paysans, sur la docilité desquels vous comptez pour imposer votre volonté aux villes, soient plus bêtes ou plus croyants que vous ?

Que nenni, monsieur.

Le paysan est un fin matois, qui salue M. le curé lorsqu'il passe, parce qu'il sait que celui-ci a l'oreille de l'autorité; mais qui, au fond, se moque assez des discours, des faits et gestes de son prétendu pasteur.

Jamais, n'en doutez donc pas, jamais les paysans n'acceptèront un régime comme celui auquel les soumettrait Henri V; car ce régime n'est bon que pour des capucins et des aristocrates. Or, les paysans ne sont ni ceci, ni cela; et vous pouvez être convaincu que, librement consultée, la France vous répondra qu'elle ne veut point devenir une jésuitière universelle.

Et elle aura mille fois raison.

Ce que veut la France, mon cher bourgeois-légitimiste, ce que vous devez vouloir avec elle, si vous aimez réellement votre patrie, c'est l'union, la paix, la stabilité, la liberté, la justice, le travail et le bien-être pour tous.

Or, ces choses-là ne peuvent s'obtenir sérieusement qu'avec et par la République; et, si vous repoussez la République, vous êtes, volontairement ou non, sciemment ou non, un un mauvais citoyen; oui, monsieur, un mauvais citoyen, car la monarchie ne peut que nous amener des crises périodiques, des désordres incessants, des massacres et des ruines.

Depuis quatre-vingts ans — et sous prétexte de sauver l'ordre, la famille, la propriété, la religion — on a fait bien des tentatives de restaurations monarchiques; on a tué bien des républiques et surtout bien des républicains.

A quoi ont abouti ces hécatombes de révolutionnaires et ces redressements de trônes?

A rien, car tout a toujours été et tout est encore aujourd'hui à recommencer.

Jusqu'àprésent, il n'y a eu de stable que l'instabilité; nous vivons dans un provisoire perpétuel, et toutes les dynasties qui se sont installées, se croyant éternelles parce qu'elles se proclamaient héréditaires, toutes se sont écroulées, l'une après l'autre et l'une sur l'autre.

Il en serait encore de même, mon cher monsieur, pour vote sire Henri V, si les intrigues de vos amis ou les baïonnettes d'un entrepreneur de coups d'État parvenaient à l'imposer à la France.

Comme Charles X, comme Louis-Philippe, comme Napoléon III, il se verrait un jour honni, conspué et honteusement chassé du trône.

Autant vaut-il donc pour lui, comme pour nous tous d'ailleurs, qu'il reste où il est et qu'il ne vienne pas nous embarrasser de son auguste personne.

Vous vous plaignez des factieux, qui troublent toujours l'ordre, et vous demandez leur extermination ou, tout au moins, leur réduction à l'impuissance.

Mais les factieux, mon cher monsieur, ils sont dans les rangs dont vous faites partie, parmi les monarchistes de toute forme et de toute couleur. C'est vous, rêveurs de restaurations despotiques, c'est vous qui, en cherchant à accaparer au profit exclusif d'un de vos fétiches respectifs le pouvoir qui n'appartient qu'à la nation entière, c'est vous qui causez tout le mal et donnez naissance à tous nos malheurs, à tous nos désastres.

Songez un peu moins à vos princes, un peu plus à la France, et vous verrez comme la pacification générale se fera promptement et facilement.

Oubliez-vous donc, quand vous voulez nous imposer un Henri V, qu'il en est d'autres qui voudraient, eux, nous ramener un Bonaparte? et cela avec le même droit, ou plutôt avec aussi peu de droit que vous.

Vous n'êtes de votre côté, comme les bonapartistes du leur, qu'une infime portion du peuple.

Or, aucune portion du peuple n'ayant le droit de faire la loi au peuple tout entier, vos prétentions de nous courber sous le joug n'ont absolument rien de fondé et sont subversives au premier chef. Vous ne pourriez en venir à vos fins que grâce à un abus de la force brutale, lequel, alors, en appellerait un autre qui le ferait cesser à son tour, jusqu'à ce qu'une nouvelle secousse vienne encore tout remettre en question, tout renverser, tout bouleverser, tout changer, comme cela a lieu périodiquement depuis si longtemps. De sorte que, nous vouer aujourd'hui à une restauration dite légitimiste, ce serait nous condamner à tourner perpétuellement dans un même cercle vicieux, dans un labyrinthe sans issue, et nous assujettir, de bouleversements en bouleversements et de révolutions bruyantes en réactions sanglantes, à piétiner perpétuellement sur place.

Si c'est là ce que vous aimez, vous avez raison, mille fois raison, de vouloir la réapparition du drapeau blanc.

Dans ce cas, souhaitez que ce drapeau soit arboré au plus tôt et donné aux régiments en échange du drapeau tricolore.

Vous pouvez être sûr qu'alors il n'y aura plus aucune tranquillité, nulle part ni pour personne.

Que si, au contraire, et comme je me plais à le supposer, vous aimez ce que veut la France, c'est-à-dire l'union, la paix, la stabilité, la liberté, la justice, le travail et le bien-être pour tous, ne tentez jamais rien contre la République et laissez à celle-ci le temps de s'implanter et de s'acclimater définitivement en France, car elle seule peut — on ne saurait trop le répéter — vous donner tout cela. Et elle vous le donnera réellement.

En voulez-vous la preuve?

La voici.

L'union n'est possible entre des hommes divisés d'opinions que sur un terrain neutre.

Or, la République, qui laisse à toutes les opinions la liberté de se manifester au grand jour, est le seul terrain neutre qui permette à tous les citoyens de se rencontrer sans songer à s'exclure ou à s'anéantir réciproquement; tandis que la monarchie, qui fait du pouvoir un privilége aux mains d'une dynastie, pousse naturellement les hommes à la haine et à la lutte les uns contre les autres.

De là, impossibilité de la paix et de la stabilité. De là, perspective perpétuelle de guerres civiles, abstraction faite des guerres étrangères, sans lesquelles aucune monarchie ne peut vivre.

L'un des coryphées de votre parti ne l'a-t-il pas dit dernièrement? Il lui faut, et aux vôtres, par conséquent, « un homme qui soit la monarchie militaire »; c'est-à-dire une monarchie ayant surtout une épée. Et quand une monarchie militaire demande une épée dans les mains, ce n'est probablement point pour en faire vaine parade, mais bien pour s'en servir.

Or, les rois, jusqu'à présent, n'ont encore trouvé que deux moyens pour se procurer l'occasion de se servir de leurs épées, et ces deux moyens, les voici : ou combattre leurs propres *sujets*, pour enlever à ceux-ci la liberté, ou faire la guerre aux peuples voisins, pour acquérir de la gloire et occuper les esprits en dehors des questions de politique intérieure.

Si le comte de Chambord devenait roi, nous aurions donc la guerre, et quelle guerre encore ! une guerre religieuse, ayant pour but de replacer le Pape sur son trône temporel.

Et vous pensez que c'est là le chemin qu'il faut suivre pour rendre à notre patrie le calme, l'union et la paix.

Folie ! Une telle guerre serait désastreuse et n'aurait d'autres résultat que d'achever notre ruine, de la rendre complète et d'amener le démembrement, la disparition de la France.

Et cela est évident.

En effet, pour faire utilement la guerre à l'Italie en faveur du pape, il faudrait d'abord avoir une armée régulière parfaitement organisée, disciplinée et aguerrie. Or, quoique les prisonniers rentrés de Prusse aient accompli des prodiges contre les insurgés parisiens, il n'est pas prouvé encore qu'il soient suffisamment solides pour mener à bien une invasion en pays étranger.

Qui n'a pas su se défendre chez soi est peu apte à porter l'attaque chez les autres, et la prudence devient ici de la sagesse.

De plus, les paysans, qui ont nommé les députés actuels pour faire la paix avec la Prusse et ramener leurs fils sous le toit paternel, les paysans ne voudront pas qu'on leur prenne de nouveau leurs enfants, pour les envoyer combattre au loin, en faveur d'une cause qui ne les touche pas personnellement et dont ils ne s'expliquent pas du tout l'utilité. Le temps du fanatisme religieux est passé et les paysans ne feront pas aujourd'hui, sous prétexte de religion, ce qu'ils n'ont pas voulu faire il y quatre mois pour le salut de la patrie.

Il y aurait donc, si l'on déclarait la guerre à l'Italie, bien plus de désertions encore et bien plus de mauvais vouloir qu'il n'y en a eu lorsqu'il s'agissait de la défense nationale.

Allez donc gagner des victoires avec des gens qui ne marchent qu'à contre-cœur et ne demandent qu'à déposer les armes, à se laisser faire prisonniers ! C'est bien la peine de déclarer la guerre, dans ce cas-là, et le pape gagnerait vraiment grand' chose à voir la France se mettre en campagne pour lui.

Enfin, pour faire la guerre, fût-ce même en faveur de Pie IX et avec toutes les bénédictions apostoliques sur la tête, il faut de l'argent, et beaucoup d'argent.

Or, où en trouver et qui nous en prêtera, pour nous faire les bourreaux de l'indépendance italienne, les soldats de l'inquisition et du tribunal du Saint-Office ?

Avant de nous poser en champions de la foi, en chevaliers-errants de la catholicité, en gendarmes du pape, songeons d'abord à nous montrer d'honnêtes gens et à faire honneur à notre signature, donnée à la Prusse pour cinq milliards.

Commençons par nous acquitter complètement de cette lourde dette, et nous verrons ensuite s'il convient d'en contracter une nouvelle, pour faire plaisir aux sacristains et aux royalistes.

Dans les conditions où la France se trouve aujourd'hui, il nous faudrait aller contre l'Italie, au secours de laquelle viendrait peut-être la Prusse ou l'Angleterre, avec des soldats marchant par force et mal vêtus, mal équipés, mal armés, mal nourris, faute d'argent. Ce serait donc, il n'y pas à en douter, courir au devant d'une défaite, laquelle, puisqu'ainsi est l'habitude en France, aurait immédiatement pour contre-coup une révolution à l'intérieur.

Et, dans ce cas, que deviendrait cette fameuse stabilité, que vous vantez si fort et à laquelle vous tenez tant?

Mais il y a à considérer un autre côté de la question, et c'est celui de la possibilité d'une intervention étrangère dans le cas où, le drapeau blanc vaincu en Italie, une nouvelle révolution éclaterait en France.

Il pourrait alors arriver que, en présence de cette nouvelle révolution, amenée par suite de défaites militaires, l'Europe entière voulût se lever en masse contre nous et décréter l'extermination ou le démenbrement de la France, sous prétexte que celle-ci ne sait jamais ce qu'elle veut et n'est qu'un trouble-fête perpétuel.

Catholiques ultramontains et fanatiques, qui poussez à la lutte contre l'Italie, réfléchissez bien et prenez garde aux conséquences de ce que vous demandez.

La France, — la Prusse, hélas! ne nous l'a que trop bien démontré — la France n'est plus invincible. Elle pourrait donc être battue par les soldats de Victor-Emmanuel, comme elle l'a été par ceux de Guillaume et de Bismark. Alors, ce serait encore, pour nous, des provinces à céder et des milliards à payer.

Avez-vous pensé à cela, vous qui voulez que la France parte en guerre pour remettre le pape sur le trône que ne possédait pas saint-Pierre?

Songez-y donc un peu et prévoyez les revers possibles, avant de nous lancer à la légère dans des aventures guerrières qui peuvent nous devenir fatales et mortelles.

Il n'y a qu'une seule guerre à laquelle la France ait actuellement le droit et même le devoir de se préparer:

C'est la guerre de revendication de l'Alsace et de la Lorraine.

Or, pour nous préparer convenablement à cette guerre, il n'en faut entreprendre aucune autre et il faut avoir chez nous le calme et la stabilité.

Mais, pour que cette dernière soit une réalité et non pas un vain mot, il faut qu'elle existe à la base même des institutions et qu'elle réside dans les principes, au lieu de se trouver dans les personnes.

Or, il n'y a de principe vraiment stable que celui qui reconnait, consacre et assure la souveraineté du peuple exprimant sa volonté par le suffrage universel, libre et conscient. Ce qui revient à dire qu'il n'y a de stabilité que dans la République, cette forme de gouvernement étant la seule qui consacre et assure réellement la souveraineté du peuple.

Quant à la liberté — que vous prétendez aimer et laquelle, comme le dit la *Déclaration des Droits de l'homme* rédigée par Robespierre, n'est autre chose que « le pouvoir qui appartient à l'homme d'exercer à son gré toutes ses facultés, » en ayant pour règle la justice, pour bornes les droits d'autrui, pour principe la nature et pour sauvegarde la loi — elle est impossible sous la monarchie, les lois monarchiques étant toutes faites en faveur du monarque contre les *sujets* et dans le but de garantir les prérogatives du pouvoir royal contre les exigences de la volonté populaire.

Sous la République seule la liberté est posible, car sous la République seule — sincèrement et loyalement pratiquée — les fonctionnaires publics se considèrent — ce qu'ils sont réellement — comme les serviteurs du peuple, accomplissant des devoirs publics, et non pas, — ainsi que le font les rois et leurs créatures — comme les maîtres du peuple, jouissant de récompenses ou de distinctions à eux dûes, en vertu du hasard de leur naissance ou de leurs positions sociales.

Il en est pour la justice comme de la liberté, c'est-à-dire que, de même que celle-ci n'est qu'un mot sonore, creux et vide, en dehors de la République, celle-là n'existe pas sous la monarchie. Le principe de cette dernière étant le privilége, tout ce qui en découle, la justice comme le reste, doit être également basé sur le privilége.

Or, qui dit « privilége », dit : avantage accordé en dehors ou au-dessus des lois communes, réputées bonnes seulement pour le vulgaire, pour la populace, pour la vile multitude.

Sous la République loyalement pratiquée, c'est-à-dire sous une république non pas simplement de nom mais de fait, tous les citoyens sont égaux devant la loi, laquelle est la même pour tous, et la justice est également rendue de la même façon pour tous, grands ou petits, riches ou pauvres, nobles ou manants, bourgeois ou prolétaires. Sous la monarchie, au contraire, non seulement les lois varient suivant les catégories de citoyens, mais encore les considérations personnelles priment la loi et, au lieu de rendre des arrêts, les magistrats, bien souvent, ne rendent que des services.

Peut-être vous-même, mon cher monsieur, en ferez-vous un jour l'expérience à vos propres dépens, si celui que vous appelez de vos vœux monte jamais sur le trône.

Quoique vous soyez assez riche pour avoir, à l'occasion, l'oreille de certains juges, il se peut que vous ayez, à certain moment, maille à partir avec plus riche et surtout plus noble que vous, avec un favori, un protégé de la cour; et, alors, gare à vous ! comme gare aussi au paysan qui aurait à plaider contre le seigneur de son village.

Rappelez-vous que les loups ne se mangent pas entre eux et que, si vous étiez en discussion avec l'un d'eux, c'est vous qui, au nom du roi, seriez bel et bien dévoré.

Il ne vous servirait de rien, alors, d'avoir uni votre voix à la leur pour maudire et anathématiser la révolution ; malgré tout votre beau zèle réactionnaire et monarchique, vous seriez traité par eux, le cas échéant, comme un affreux *vilain*, comme un indigne *roturier* que vous êtes encore, il ne faut pas vous le dissimuler, en dépit des pièces de cent sous gagnées jadis par votre père.

Vous seriez, alors, bien avancé, n'est-ce pas ? d'avoir intrigué en faveur d'un roi ?

Mais ce n'est pas tout, mon cher monsieur.

En effet, il peut arriver que la fortune possédée par vous et qui vous rend si dédaigneux, si hautain envers le pauvre monde, vous échappe un jour et que vous soyez condamné à travailler pour gagner votre vie.

Ne protestez pas contre cette hypothèse, car elle n'a rien d'invraisemblable, et l'on a vu plus d'une fois des hommes se coucher un soir presque millionnaires et se relever, le lendemain matin, complètement ruinés. Or, croyez-vous que, si pareil malheur, que je ne vous souhaite pas, vous survenait, il vous serait bien facile, sous la monarchie, de vous relever par le travail?

Bien sûr, vous ne vous êtes jamais arrêté à pareille pensée. Venu au monde dans une famille où rien ne manquait, où régnait l'aisance ; ayant toujours vu tous vos besoins, tous vos caprices immédiatement satisfaits ; n'ayant jamais eu d'autre souci que celui de chercher le moyen le plus agréable de tuer le temps et de dépenser votre argent, jamais vous n'ayez songé à la misère, aux souffrances d'autrui ; jamais vous n'ayez connu le supplice de la faim ; jamais vous n'avez su ce que c'est que d'entendre des enfants à soi demandant à manger, alors qu'on n'a pas un morceau de pain à leur donner.

Vous ne vous êtes donc jamais inquiété, préoccupé, de la question de l'organisation du travail et vous ignorez complètement, comme beaucoup de vos semblables, d'ailleurs, les conditions économiques et politiques dans lesquelles le travail doit se trouver pour être suffisamment rémunérateur et pour permettre à l'ouvrier d'élever sa famille autrement que dans l'ignorance et dans les privations.

Si, au lieu d'être du petit nombre des privilégiés, vous faisiez partie de la foule des déshérités de la fortune, vous comprendriez que le bien-être des masses et la rémunération équitable du travail sont impossibles et incompatibles avec une monarchie quelconque, même avec la mieux intentionnée, la mieux disposée en faveur des classes ouvrières.

Toute monarchie, en effet, veut une cour et toute cour veut le luxe et les plaisirs.

Mais, dans les cours princières comme ailleurs, comme chez le plus simple bourgeois ou chez le plus humble prolétaire, on ne se livre pas au plaisir sans qu'il en coûte quelque argent. La cour royale nécessite donc certaines dépenses, s'élevant chaque année à plusieurs millions.

Or, d'où proviennent ces millions, la cour ne se livrant à aucun travail productif?

Naturellement, ils proviennent de l'impôt, qu'il faut élever en raison du nombre de parasites qui en vivent.

Et qui paye l'impôt, si ce n'est le travail?

Le luxe et les plaisirs des cours princières sont donc achetés et payés aux prix des sueurs du peuple ; et, pour que le monarque et ses courtisans s'amusent et fassent bonne chère, il faut que le paysan ne mange pas de viande et aille vêtu de haillons, et que l'ouvrier des villes paye son pain et ses loyers plus qu'ils ne vaudraient réellement s'il n'y avait pas d'oisifs grassement entretenus aux frais du budget royal et si chacun apportait sa part de travail effectif à la production générale.

Ajoutez à cela que, plus la misère de l'ouvrier est grande et plus les impôts sont élevés, plus aussi sont grandes les exigences du capital.

De sorte que, sous la monarchie, le travailleur, aussi bien celui des villes que celui des campagnes, n'est guère autre chose qu'une bête de somme usant sa vie uniquement au profit des capitalistes et des grands seigneurs. Il produit tout et ne jouit de rien. Il enrichit les autres et meurt dans les privations, ne laissant en héritage à ses enfants que les souffrances et la misère.

Est-ce juste, cela ? et croyez-vous sincèrement bien coupables, les républicains socialistes qui veulent faire de la liberté une réalité pour le peuple et du travail un moyen d'émancipation intellectuelle, morale et matérielle des classes ouvrières?

Vous supposez que socialistes rêvent l'abolition, la destruction de la propriété. Mais c'est une grande erreur.

Ce qu'ils veulent, au contraire, c'est l'accession de tous à la propriété par le travail.

Que voyez-vous là de si criminel !

Si vous croyez que le socialisme soit ou encourage le vol, la spoliation, le pillage ou l'incendie, vous vous trompez étrangement et vous ne savez pas le premier mot de la chose que vous condamnez.

Le but que poursuivent les socialistes, — but humanitaire et juste s'il en fut jamais, — c'est la réalisation d'une forme sociale dans laquelle le travailleur, jouissant du produit intégral de son travail, et tout le monde travaillant, nul ne puisse vivre aux dépens des autres en en exploitant le travail.

Direz-vous encore, maintenant, que la République sociale est la République de la *conaille* et des *partageux* ?

Les *partageux* ?... Mais savez-vous bien où ils sont ?
Ils sont dans les rangs de tous les aspirants-parasites de cour qui veulent vivre sans travailler, sans rien faire d'utile ou de productif, aux dépens des listes civiles, dont le peuple fait les frais, en se privant du nécessaire.

Voilà les *partageux*, les vrais *partageux*, ceux contre lesquels il faut se tenir en garde et protester.

Ah ! soyez-en bien convaincu : si, au lieu de vous en rapporter aveuglément aux diatribes et aux calomnies des feuilles vendues ou dévouées à la réaction à outrance et d'accepter de confiance leurs jugements inspirés par la passion, vous preniez la peine d'étudier, de réfléchir et de prononcer par vous-même, vous changeriez bien vite d'avis et vos opinions se modifieraient du tout au tout.

Vous comprendriez, alors, que la République et les principes républicains n'ont rien de commun avec les scènes désastreuses qui ont marqué le dénouement de la lutte sans pitié ni merci engagée entre le gouvernement de Versailles et la Commune de Paris ; vous comprendriez que, si tous les honnêtes gens de France voulaient s'entendre et s'unir entre eux dans l'intérêt de la justice, de la liberté et pour le salut de la patrie, rien ne serait plus facile que de fonder et d'assurer le règne de la République.

Mais non ! vous ne voulez pas prendre la peine d'examiner sérieusement et vous préférez, acceptant des opinions toutes faites, condamner, sur le dire de leurs ennemis, des gens et des doctrines que vous ne connaissez pas.

C'est plus commode et plus tôt fini, j'en conviens sans peine ; mais c'est aussi plus dangereux pour le véritable ordre social, en même temps que cela a le défaut de ne rien résoudre et de tout laisser en question et en suspens pour l'avenir.

A vous donc et aux vôtres la responsabilité des déchirements et des douleurs qu'occasionne dans notre pays l'enfantement du régime républicain.

Ne vous laissez plus effrayer par les mots, envisagez froidement le fond des choses, et vous verrez que ce régime, dont vous avez si peur, n'a en réalité absolument rien qui puisse faire trembler l'homme le plus craintif et le plus pacifique du monde.

Quel est, en effet, sur les points essentiels, le programme républicain ?

Il affirme d'abord la souveraineté du peuple, qu'il déclare une, indivisible, impérissable et inaliénable ; et par ce mot : « peuple, » le programme républicain entend l'universalité des citoyens, sans exclusion ni distinction de castes ou de positions sociales.

Et qui oserait protester contre cette affirmation de la souveraineté collective, universelle du peuple ? Croiriez-vous, par hasard, que les grands et les riches seuls aient le droit de participer, par l'élection, à la confection de la loi ? Prétendriez-vous refuser aux pauvres le droit d'intervenir, par leur vote, dans le règlement des questions politiques et sociales, sous le prétexte qu'ils n'ont *rien à perdre !*

Ce serait, à la fois, de l'ignorance et de l'iniquité ; car, plus encore que le riche, le prolétaire, qui ne possède aucun bien au soleil, qui n'a que ses deux bras pour toute fortune, a intérêt à ce que l'ordre et la justice règnent dans la société.

S'il faut au riche des lois pour le protéger contre les voleurs et les incendiaires, il faut au travailleur des lois pour le protéger contre les tentatives d'usurpation du pouvoir, contre les exploiteurs de la misère publique.

Tous, riches et pauvres, doivent donc également concourir à la confection des lois, afin que celles-ci soient réellement l'expression de la justice et non pas de la volonté, de l'arbitraire d'une classe spéciale.

Vouloir le contraire, c'est vouloir la tyrannie, le despotisme et l'oppression des faibles par les forts.

Comme conséquence de la souveraineté du peuple, le programme républicain établit la responsabilité des fonctionnaires publics, à tous les degrés de l'échelle gouvernementale, administrative, judiciaire et militaire, afin que tout citoyen puisse, en tout temps, demander compte et obtenir réparation des abus de pouvoir, des actes arbitraires ou injustes commis par un agent quelconque de l'autorité.

Protesteriez-vous contre ce principe de la responsabilité des magistrats et des fonctionnaires publics?

Sans doute, aux yeux de certains dépositaires du pouvoir, amis de l'arbitraire et habitués à commander en maîtres absolus, c'est là un principe subversif, qui doit fort les gêner et les contrarier.

Mais que peut vous importer l'opinion de ces gens-là? Ce n'est pas eux qu'il faut consulter, c'est l'intérêt général, auquel le vôtre propre se rattache.

Je conçois que, le cas échéant, vous ne trouviez pas trop mauvais qu'on puisse arrêter à tort et à travers les républicains et vous en débarrasser sans tambour ni trompette.

Mais, prenez garde! et ne vous réjouissez pas trop des facilités laissées à ces enlèvements, à ces exécutions sommaires; car là où les garanties de liberté individuelle manquent pour les républicains, pour les *rouges*, elles peuvent tout aussi bien manquer pour les légitimistes, pour les *blancs*, et, sous un régime d'arbitraire, vous ne seriez pas plus en sûreté que le premier venu.

Si donc vous voulez avoir toujours la certitude de coucher où bon vous plaira et de n'être jamais arrêté illégalement, exigez la responsabilité de tous les fonctionnaires, et sachez bien que cette responsabilité ne peut être effective et réelle que sous le régime républicain, les gouvernements monarchiques étant toujours disposés à protéger leurs agents et à en excuser les excès de zèle, sinon à les approuver et à les encourager.

Il ne faut pas, voyez-vous, par haine des républicains, laisser dans les lois la porte ouverte à l'arbitraire, car cette porte peut un jour se refermer sur vous-même.

Et, alors, qui rirait bien ?

Croyez-moi, pour juger un parti, pour vous prononcer contre lui, n'écoutez jamais les conseils de la haine ou du désir de la vengeance ; examinez seulement les principes que ce parti proclame et dont il poursuit la réalisation ; et si, ces principes sont d'accord avec la justice et favorisent la liberté des citoyens, ralliez-vous-y franchement.

Or, vous ne pouvez pas dire que le principe de la souveraineté du peuple et celui de la responsabilité des fonctionnaires, voulus dans leur intégralité par les républicains, et faussés, viciés, sinon niés ou annulés par la monarchie, soient des principes contraires à justice et à la liberté.

Vous devez donc, dans votre propre intérêt, en souhaiter le prompt et complet triomphe.

Il en est de même pour les autres points du programme républicain.

Qu'auriez-vous à dire de sérieux, par exemple, contre le principe de l'instruction publique, laïque, gratuite et obligatoire ?

Sans doute, au premier abord, on peut voir dans ce principe de l'obligation de l'instruction, une atteinte à la liberté des parents. Mais, en y regardant de plus près, on reconnaît qu'en réalité cette atteinte n'existe pas.

N'avons-nous pas, en effet, avec Robespierre, défini la liberté, « le pouvoir qui appartient à l'homme d'exercer à son gré toutes ses facultés, en ayant pour règle la justice, *pour bornes les droits d'autrui*, pour principe la nature et pour sauvegarde la loi ! »

Cela étant, la liberté des parents se trouve bornée par les droits de l'enfant et, où ceux-ci commencent, celle-là finit.

Or, l'enfant a droit à la nourriture de l'esprit et du cœur tout comme à celle du corps, et les parents n'ont pas le droit de lui refuser l'une plus que l'autre. La nourriture intellectuelle et morale étant aussi nécessaire à l'enfant que la nourriture matérielle, les parents doivent être contraints de la donner ou faire donner, et ils sont coupables lorsque, le pouvant faire, ils ne le font pas. Il ne sont excusables de ne pas le faire que lorsqu'ils en sont empêchés par la misère.

Alors, le devoir de la société est de venir à leur aide, en déclarant la gratuité de l'enseignement, lequel doit, en ce cas, être purement et exclusivement laïque, afin de respecter toutes les croyances des familles et de ne violenter aucune conscience.

Certes, et je n'en disconviens pas, la gratuité de l'enseignement imposera de nouvelles dépenses au budget de l'État, déjà si lourdement chargé d'autre part.

Mais, comme la République aura à faire et fera indubitablement d'importantes réductions sur d'autres points, sur certaines sinécures, sur certains gros traitements scandaleux accordés par la monarchie à des créatures inutiles, les économies résultant de ces réductions pourront être consacrées aux frais de l'instruction publique, et le surcroît de dépenses ne sera pas excessif.

D'ailleurs, ce surcroît de dépenses pourra être facilement compensé au bout de peu de temps, par les bénéfices que, grâce au développement général de l'instruction, la société pourra faire dans le domaine de la justice répressive.

En effet, quand on sera parvenu à faire de tous les enfants des citoyens instruits et moraux, il n'y aura plus de criminels, les prisons n'auront plus de raison d'être et l'on pourra dégrever le budget des sommes que coûtent les gendarmes, les geôliers et les bourreaux, pour les consacrer à bâtir ou entretenir des écoles et à payer des instituteurs.

Cela ne vaudra t-il pas mieux que ce qui se fait à présent ?

Vous vous plaignez de la facilité avec laquelle les masses ignorantes se laissent endoctriner, séduire, entraîner et conduire par le premier beau parleur venu, et vous avez raison. Mais, si vous voulez que pareille calamité ne se renouvelle plus à l'avenir, adoptez le seul moyen qui soit capable d'en rendre le retour à jamais impossible et approuvez les républicains, qui demandent l'instruction pour tous.

L'instruction est le seul remède aux égarements de l'esprit, et vous convertirez mieux un homme en lui démontrant qu'il a tort, pourquoi et comment il a tort, qu'en le fourrant en prison ou en l'envoyant au bagne. Les peines corporelles corrigent peut être quelques coupables, mais elles ne convainquent et ne moralisent presque personne.

Or, mieux vaut éclairer que frapper.

Le programme républicain comporte encore la suppression des armées permanentes et la séparation des églises et de l'Etat.

Ces principes, naturellement, sont opposés aux vôtres. Mais, franchement, comment pouvez-vous ne pas les admettre, si vous aimez sincèrement la France et la justice ?

D'abord, pour ce qui regarde le système des armées permanentes, il est impossible de ne pas le condamner après l'expérience que nous venons d'en faire pendant notre guerre contre la Prusse.

Ce système, qui crée comme deux nations dans la nation, — l'une, armée, chargée de la défense du pays ; l'autre, désarmée, n'ayant qu'à se laisser défendre, — peut être bon, à la rigueur, pour la guerre offensive ; mais que d'inconvénients n'a-t-il pas pour la guerre défensive ? Le moindre des inconvénients de ce système, — on l'a bien vu dès nos premières défaites, mais, alors, il n'était plus temps d'y porter remède, — c'est de laisser la nation désarmée à la merci de l'envahisseur victorieux.

Qu'est-il arrivé, en effet, au lendemain des capitulations de Metz et de Sédan ?

C'est que, lorsque la nation armée et enregimentée a été battue et faite prisonnière, la nation désarmée s'est trouvée impuissante à tenir tête à l'ennemi.

Or, il en eût été tout autrement si la masse de la nation, au lieu d'être comme divisée en deux parties, l'une militaire, l'autre civile, eût été toute habituée au maniement des armes et eût pu se mettre debout partout en même temps et se lever comme un seul homme.

Voilà pourquoi, entre autres motifs, les républicains radicaux repoussent le système des armées permanentes.

Quant à la séparation des églises et de l'Etat, elle n'est autre chose que la conséquence logique et naturelle, la consécration effective du principe de la liberté de conscience et des cultes.

Le rôle de l'Etat — qui est purement civil et laïque — et le rôle des églises — qui sont exclusivement religieuses — étant séparés et distincts, celles-ci et celui-là doivent l'être également.

L'Etat n'a pas plus à intervenir dans les questions de dogmes religieux, que les églises n'ont à intervenir dans les questions de législation politique.

Il faut donc les séparer, sous peine de voir, comme cela a lieu en certaines circonstances, l'Etat opprimer les églises ou les églises faire la loi à l'Etat, ce qui, dans un cas comme dans l'autre, aboutit à une négation de la liberté de conscience.

Sans doute, monsieur, vous n'acceptez pas ces théories; mais vos négations, heureusement, ne prouvent pas que ces théories soient injustes ou fausses.

Il n'y a pas encore cent ans, lorsque les philosophes dont les écrits ont enfanté la révolution de 1789 s'élevaient contre les priviléges du clergé et en demandaient l'abolition, les hommes qui s'intitulaient alors les amis du trône et de l'autel protestaient contre les critiques adressées aux princes de l'Eglise et disaient que jamais le clergé ne se laisserait dépouiller de ses prérogatives.

Et, cependant, aujourd'hui, la dîme n'existe plus et le clergé lui-même, comme la noblesse, a cessé de former un ordre de l'Etat. Il se trouve, maintenant,—ce qu'il avait cru impossible avant la révolution— confondu dans l'ensemble de la nation, et ses membres ne sont, aux yeux de la loi, rien de plus, mais aussi rien de moins, que ceux des autres corporations sociales.

Il en arrivera de même pour la séparation des Églises et de l'Etat et pour la suppression du budget des cultes, jugés impossibles aujourd'hui.

Bientôt, ces deux prétendues impossibilités deviendront des faits accomplis, car ainsi le veut la loi du Progrès, dont on peut bien quelque fois ralentir la marche, mais que l'on ne saurait arrêter entièrement et qui finit toujours, tôt ou tard, par remporter la dernière victoire.

En vérité, quand on songe à tout ce que la bourgeoisie doit au triomphe des idées révolutionnaires, on ne peut comprendre qu'il y ait au sein des classes moyennes des gens se disant partisans de la monarchie. Il faut, décidément, que ces gens soient aveugles, pour ne pas voir qu'en se conduisant comme ils le font, ils jouent le jeu de la réaction absolutiste et donnent à celle-ci des verges, pour qu'on les fouette eux mêmes.

Mais songez donc bien, bourgeois rebelles à l'idée républicaine, que ce n'est point seulement la République qui se trouve aujourd'hui en cause et qui est combattue par la droite de l'Assemblée de Versailles. C'est la nouvelle société elle-même ; ce sont toutes les conquêtes de la Révolution, qui vous a faits ce que vous êtes, avec l'aide et le sang du peuple, contre lequel vous devriez, ne fût-ce que par reconnaissance, sinon par équité, vous montrer un peu moins acharnés que vous ne le faites.

Voulez-vous, monsieur, l'apaisement des esprits, l'oubli des rancunes?

Eh bien ! renoncez à la politique que vous avez préconisée jusqu'à ce jour, politique de haine, de représsailles et de provocations incessantes, qui ne peut aboutir et n'aboutit effectivement qu'à plonger la France dans le deuil.

Au lieu de toujours pousser aux mesures arbitraires et violentes, au lieu d'intriguer chaque jour et de tous côtés en faveur de votre prétendant, imitez les républicains de l'Assemblée nationale et faites, pour le repos de la patrie, le sacrifice qu'ils lui font aujourd'hui, en acceptant le gouvernement de M. Thiers; bien qu'ils sachent que, M. Thiers — installé pour deux ans au pouvoir, — nous n'aurons   de la République que le nom et l'étiquette.

Sans doute, dans cette acceptation de la République de M. Thiers — laquelle n'est, au fond, qu'une monarchie constitutionnelle, temporaire et déguisée, — quelques radicaux — et j'avoue être de ceux-là — peuvent voir comme une capitulation, une abdication de la gauche républicaine, car cette acceptation livre la République pieds et poings liés aux seules inspirations du chef du pouvoir exécutif, lequel, le jour où les intrigues monarchiques lui rendront la place intenable, pourra bien, et sans qu'on ait aucun reproche à lui adresser, imiter la conduite du général Trochu à la fin du siège de Paris, et se retirer du pouvoir au moment même où il verra la République définitivement perdue.

Néanmoins, dans l'état de fièvre et d'irritation où se trouvent encore les esprits, la gauche ne pouvait faire différemment, à moins de rallumer la guerre civile, et c'est une responsabilité qu'elle a eu raison de laisser à l'impatient prétendant qui voudra la prendre.

En agissant comme elle l'a fait, elle vous a donné un exemple de modération que vous devriez bien un peu suivre, vous et les vôtres.

Mais le voudrez-vous? ou ne préférerez-vous pas plutôt précipiter les évènements et tenter un coup de main hardi?

Sur cette question, à laquelle je ne puis répondre et que je ne me permets pas de trancher, je termine cette trop longue lettre, en vous saluant cordialement, au cri de : Vive la République !

Adolphe ROYANNEZ.

AUX LECTEURS

N'ayant pu trouver d'imprimeur pour la *Voix du Peuple,* nous remplaçons imparfaitement ce journal par des brochures, que nous ferons paraître deux ou trois fois par mois, à époques irrégulières et indéterminées.

En préparation et pour paraître du 23 au 28 juin : *Le Mandat impératif et les Élections du 2 juillet* 871.

Imprimerie CLAPPIER, rue St-Ferréol, 27.

www.ingramcontent.com/pod-product-compliance
Lightning Source LLC
Chambersburg PA
CBHW060600050426
42451CB00011B/2005